Comienza
LA CIENCIA
Science
STARTS

A+
books
BILINGÜE/BILINGUAL

LOS IMANES ATRAEN, LOS IMANES REPELEN

MAGNETS PUSH, MAGNETS PULL

por/by Mark Weakland

CAPSTONE PRESS
a capstone imprint

Have you ever held two magnets close together?

¿Has sostenido alguna vez dos imanes juntos?

Like magic, magnets pull together and push apart. What gives magnets their strange strength?

Como si fuera magia, los imanes se atraen y se repelen. ¿Qué da a los imanes su fuerza extraña?

3

Magnets are made from metals.

Los imanes están hechos de metales.

Some magnets, called lodestones, are found in the earth.

Algunos imanes, llamados piedra imán, se encuentran en la tierra.

4

lodestones/
piedras imán

Made of iron ore magnetite,
lodestones are natural magnets.

Hechas del mineral de hierro magnetita,
las piedras imán son imanes naturales.

Natural magnets are hard to find. But one lodestone can make many more magnets.

Los imanes naturales son difíciles de encontrar. Pero una piedra imán puede hacer muchos más imanes.

6

When a lodestone is rubbed
against another metal, it
creates a new magnet.

Cuando una piedra imán se
frota contra otro metal, crea
un nuevo imán.

Like a bubble, magnetic energy surrounds a magnet.

Como una burbuja, la energía magnética rodea al imán.

To see a magnet's energy, sprinkle powdered iron around it. The iron powder follows a magnet's lines of energy.

Para ver la energía de un imán, rocía polvo de hierro a su alrededor. El polvo de hierro sigue las líneas de energía del imán.

A magnet's energy is strongest at its ends, called north and south poles.

La energía de un imán es más fuerte en sus extremos, llamados polos norte y sur.

The Earth produces magnetic energy, just like a magnet. And like a magnet, the Earth has a magnetic north and south pole.

north pole/
polo norte

south pole/
polo Sur

La Tierra produce energía magnética, tal como un imán. Y como un imán, la Tierra tiene un polo norte y un polo sur magnéticos.

Poles that are opposite attract each other. All magnets attract objects made with iron.

Los polos que son opuestos se atraen entre sí. Todos los imanes atraen objetos que están hechos con hierro.

Nails and paper clips stick to a magnet because they contain iron. So do cars, stoves, and refrigerators.

Los clavos y los sujetapapeles se pegan a un imán porque contienen hierro. También los autos, estufas y refrigeradores.

Two poles that are the same push each other away. Magnets can also repel metal. A metal ring floats above a magnet. The invisible force of magnetic energy pushes the ring up and away.

Dos polos que son iguales se repelen entre sí. Los imanes también pueden repeler metal. Un anillo de metal flota sobre un imán. La fuerza invisible de la energía magnética aleja y empuja al anillo hacia arriba.

Where are magnets found?
Everywhere! At the airport,
magnets keep planes from
getting flat tires.

¿Dónde podemos encontrar imanes?
¡En todos lados! En el aeropuerto,
los imanes evitan que se pinchen los
neumáticos de los aviones.

A rolling magnetic sweeper
picks up all stray metal to
keep tires safe.

Un barredor magnético rodante
levanta todos los desechos metálicos
para mantener las ruedas seguras.

A small electric motor powers this toy train. Inside the motor are tiny magnets. Magnets also turn the steel wheels of a diesel locomotive.

Un motor eléctrico pequeño hace funcionar este tren. Dentro del motor hay imanes diminutos. Los imanes también hacen girar las ruedas de acero de una locomotora diesel.

Electric motors,
big and small,
use magnets.
Electric motors
are everywhere.

Los motores eléctricos,
grandes y pequeños,
usan imanes. Los
motores eléctricos
están en todas partes.

Without magnets and electric motors, there would be no spinning fans and no whirling beaters on a cake mixer.

Sin imanes y motores eléctricos no habría ventiladores ni batidores ruidosos en una batidora.

21

Magnets have many other uses. To make his music louder, a guitarist uses an amplifier. The speakers in an amplifier use magnets to make sound.

Los imanes tienen muchos otros usos. Para tocar música más alta, un guitarrista usa un amplificador. Los parlantes en un amplificador usan imanes para hacer sonido.

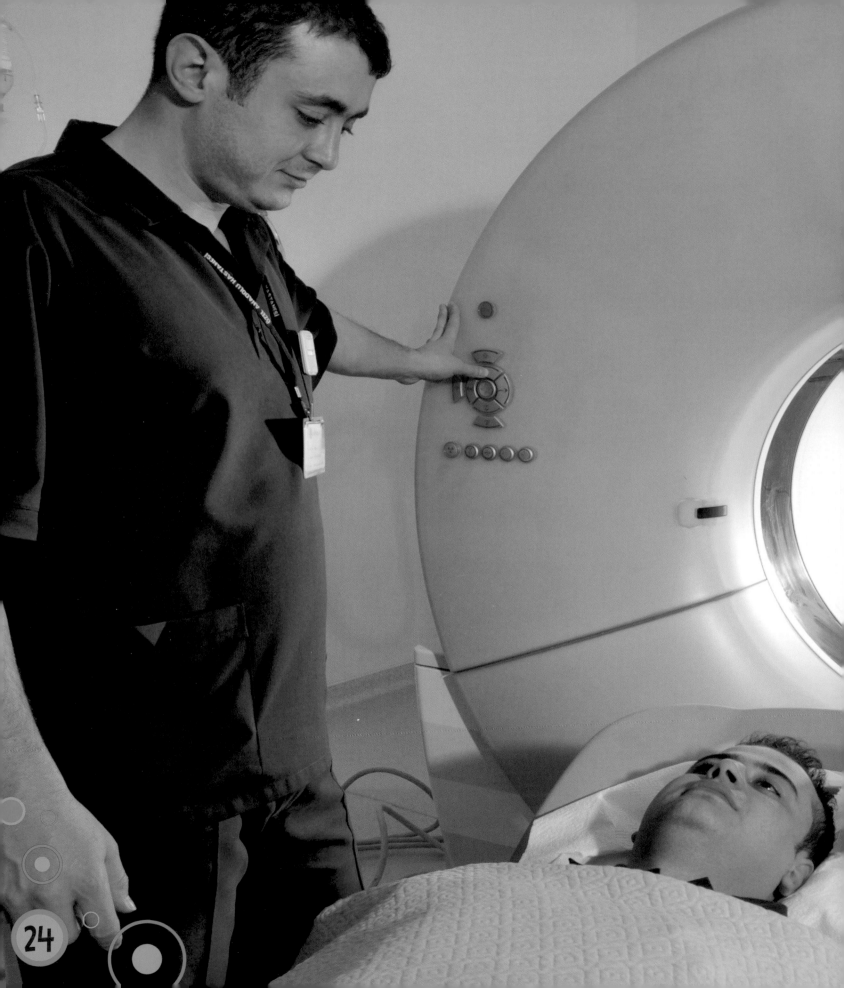

In a hospital, a patient
slowly slides into the center
of a large ring magnet.
Doctors use the MRI machine to
find out why a person is sick.

En un hospital, un paciente se
desliza lentamente hacia el centro
de un imán redondo y grande.
Los doctores usan el equipo de
MRI para descubrir por qué
una persona está enferma.

A magnet can move the heaviest objects. Some magnets are strong enough to lift more than 2,000 pounds (907 kilograms)!

Un imán puede mover los objetos más pesados. ¡Algunos imanes tienen la suficiente fuerza para levantar más de 2,000 libras (907 kilogramos)!

With magnets shaped like letters, you can spell words and send messages. What do these magnets spell?

Con imanes en forma de letras, tú puedes deletrear palabras y enviar mensajes. ¿Qué deletrean estos imanes?

Glossary

amplifier—a piece of equipment that makes sound louder

attract—to pull together

lodestone—a hard, black rock found in earth that attracts iron

pole—one of the two ends of a magnet; a pole can also be the top or bottom part of a planet

repel—to push apart

Internet Sites

FactHound offers a safe, fun way to find Internet sites related to this book. All of the sites on FactHound have been researched by our staff.

Here's all you do:

Visit *www.facthound.com*

Type in this code: 9781429682596

Super-cool stuff!

Check out projects, games and lots more at
www.capstonekids.com

Glosario

el amplificador—una pieza de equipo que hace que el sonido sea más fuerte

atraer—tirar hacia sí mismo

la piedra imán—una roca negra dura que se encuentra en la tierra y atrae al hierro

el polo—uno de los dos extremos de un imán; un polo también puede ser el extremo superior o inferior de un planeta

repeler—separar con impulso

Sitios de Internet

FactHound brinda una forma segura y divertida de encontrar sitios de Internet relacionados con este libro. Todos los sitios en FactHound han sido investigados por nuestro personal.

Esto es todo lo que tienes que hacer:

Visita *www.facthound.com*

Ingresa este código: 9781429682596

¡Algo súper divertido! Hay proyectos, juegos y mucho más en **www.capstonekids.com**

Index

Índice

A+ Books are published by Capstone Press,
1710 Roe Crest Drive, North Mankato, Minnesota 56003.
www.capstonepub.com

Library of Congress Cataloging-in-Publication Data
Weakland, Mark.
 [Magnets push, magnets pull. Spanish & English]
 Los imanes atraen, los imanes repelen = Magnets push, magnets pull / por/by Mark Weakland.
     p. cm.—(Comienza la ciencia = Science starts)
 Includes index.
 Summary: "Simple text and photographs explain the basic science behind magnets—in both English and Spanish"—Provided by publisher.
 ISBN 978-1-4296-8259-6 (library binding)
 1. Magnets—Juvenile literature. 2. Magnetism—Juvenile literature. I. Title. II. Title: Magnets push, magnets pull.
 QC757.5.W4318 2012
 538—dc23   2011028673

Credits
Jenny Marks, editor; Strictly Spanish, translation services; Alison Thiele, designer; Eric Manske, bilingual book designer; Marcie Spence, media researcher; Laura Manthe, production specialist

Photo Credits
Capstone Studio: Karon Dubke, 28–29; Getty Images Inc.: Amy Coopes/AFP, 4–5, DEA/Photo 1/De Agostini, 6–7; iStockphoto: drnadig, 18–19, philipdyer, 22–23, Tommounsey, 1, 8-9; PhotoEdit Inc.: Bill Aron, 2–3, Tony Freeman, 10; Photo Researchers, Inc.: John R. Foster, 14–15; Shutterstock: Denis Tabler, 11, Dmitriy Yakovlev, 20, iofoto, cover, Levent Konuk, 24–25, Matt Antonino, 21, Pefkos, 12–13; Storch Magnetics: 16–17; Visuals Unlimited: Marli Miller, 26–27

Note to Parents, Teachers, and Librarians
The Comienza la ciencia/Science Starts series supports national education standards related to science. This book describes and illustrates magnets in both English and Spanish. The images support early readers in understanding the text. The repetition of words and phrases helps early readers learn new words. This book also introduces early readers to subject-specific vocabulary words, which are defined in the Glossary section. Early readers may need assistance to read some words and to use the Glossary, Internet Sites, and Index sections of the book.

Printed in the United States of America in North Mankato, Minnesota.
052012   006725R